NIVEL
2

Los Caimanes y los Cocodrilos

Laura Marsh

NATIONAL GEOGRAPHIC

Washington, D.C.

Para Izzy y Otto —L.F.M.

Publicado por National Geographic Partners, LLC, Washington, DC 20036.

Diseñado por Gustavo Tello

La editorial y la autora reconocen con agradecimiento la revisión especializada del contenido de este libro por el Doctor en Filosofía Kenneth L. Krysko del Museo de Historia Natural de Florida, así como la revisión del texto por Mariam Jean Dreher, Profesora de Formación de Lectura en la Universidad de Maryland, College Park.

Libro en rústica ISBN: 978-1-4263-7721-1
Encuadernación de biblioteca reforzada ISBN: 978-1-4263-7722-8

Créditos fotográficos
(Tapa), Jim Brandenburg/Minden Pictures; (a través de) dangdumrong/Shutterstock; 1, Jianan Yu/Reuters/Corbis; 3, Nynke/Adobe Stock; 4-5 (abajo), Eric Isselee/Shutterstock; 5 (arriba), John Kasawa/Shutterstock; 6 (centro, derecha), tapilipa/Shutterstock; 6 (centro), Denton Rumsey/Shutterstock; 7, defpicture/Shutterstock; 9 (arriba, izquierda), TJUKTJUK/Shutterstock; 9 (arriba, derecha), Natali Glado/Shutterstock; 9 (centro, derecha), tapilipa/Shutterstock; 9 (abajo), Steve Winter/National Geographic Image Collection; 10, PeterVrabel/Shutterstock; 11 (arriba), Arco Images GmbH/Alamy Stock Photo; 11 (abajo, izquierda), Pete Oxford/Minden Pictures/Corbis; 11 (abajo, derecha), prochasson frederic/Shutterstock; 12-13, Mike Parry/Minden Pictures; 14-15 (arriba), Don Couch/Alamy Stock Photo; 15 (centro, derecha), tapilipa/Shutterstock; 16, Danita Delimont/Alamy Stock Photo; 16-17, Mark Deeble and Victoria Stone/Getty Images; 18, Erich Schlegel/Corbis; 19, Andy Rouse/Nature Picture Library; 20 (arriba), NG Maps/NGP Staff; 20 (centro), blickwinkel/Alamy Stock Photo; 20 (abajo), Matt Propert; 21 (arriba), Sorbis/Shutterstock; 21 (centro, izquierda), Victoria Stone & Mark Deeble/Getty Images; 21 (centro, izquierda), Becky Hale/NGP Staff; 21 (abajo), E.O/Shutterstock; 22, Robert Harding World Imagery/Alamy Stock Photo; 23, Mike Parry/Minden Pictures; 24, Henry, P./Corbis; 25, Gallo Images/Getty Images; 26, Showcake/Shutterstock; 27 (arriba), tapilipa/Shutterstock; 27 (abajo), Chris Johns/National Geographic Image Collection; 29 (recuadro), Wildlife GmbH/Alamy Stock Photo; 29 (centro), Doug Perrine/Nature Picture Library; 29 (abajo), tapilipa/Shutterstock; 30 (arriba), lluecke/iStockphoto; 30 (centro), Joseph H. Bailey/National Geographic Image Collection; 30 (abajo), niknikon/iStockphoto; 31 (arriba), J. Gerard Sidaner/Science Source; 31 (centro, derecha), blickwinkel/Alamy Stock Photo; 31 (centro, izquierda), Brian J. Skerry/National Geographic Image Collection; 31 (abajo), clark42/iStockphoto; 32 (arriba, izquierda), Showcake/Shutterstock; 32 (arriba, derecha), Wildlife GmbH/Alamy Stock Photo; 32 (centro, izquierda), defpicture/Shutterstock; 32 (centro, derecha), Danita Delimont/Alamy Stock Photo; 32 (abajo, izquierda), Natali Glado/Shutterstock; 32 (abajo, derecha), lluecke/iStockphoto

Impreso en los Estados Unidos de América
24/WOR/1

Tabla de contenidos

Caimán postruso
de Schneider

Descubre las diferencias

¡Guau! ¡Qué dientes tan grandes! Los cocodrilos y los caimanes se parecen. Ambos tienen mandíbulas enormes con dientes puntiagudos. Además, su cola es larga y placas irregulares cubren sus cuerpos.

¿SABES CUÁL ES EL CAIMÁN Y CUÁL ES EL COCODRILO?

Pero los cocodrilos y los caimanes son distintos. ¿Cómo puedes distinguirlos?

Respuesta: cocodrilo (arriba), caimán (abajo)

5

Los caimanes tienen un hocico amplio. Es redondeado y en forma de U. Normalmente los caimanes son de color oscuro.

Los caimanes suelen vivir en agua dulce.

color oscuro

hocico

VOCABULARIO

HOCICO: Nariz y boca de un animal que sobresale de su cara

color más claro

hocico

Los cocodrilos suelen vivir en agua salada.

Los cocodrilos tienen el hocico más estrecho. Es puntiagudo y en forma de V. Los cocodrilos tienen un color más claro que el de los caimanes.

7

Hay muchos reptiles

Aunque los caimanes y los cocodrilos son distintos, ambos son reptiles. El cuerpo de un reptil tiene escamas o placas de huesos.

Las serpientes y las lagartijas son reptiles con escamas. Los caimanes y los cocodrilos son reptiles con placas de huesos llamadas "placas dérmicas". Las escamas y placas dérmicas protegen el cuerpo de los reptiles.

Camaleón

Boa arborícola esmeralda

VOCABULARIO

REPTIL: Animal de sangre fría y piel escamosa. Muchos reptiles ponen huevos en la tierra.

Imágen maximizada de placas dérmicas en un cocodrilo cubano

Alrededor del mundo

Los caimanes y los cocodrilos pertenecen a un grupo de reptiles que se llama crocodilios. Existen 25 tipos distintos de crocodilios. Suelen vivir en zonas cálidas alrededor del mundo.

DANGER
CROCODILES

NO
SWIMMING

¡Peligro! Cocodrilos.
No se permite nadar.

Cocodrilo hociquifino africano en un río

Los crocodilios nunca están lejos del agua. Pasan mucho tiempo en estanques, lagos, ciénagas, humedales, ríos y pantanos.

Yacaré de hocico ancho en un pantano

Gavial cerca un lago

Perfectos para el agua

Los caimanes y los cocodrilos están hechos para vivir en el agua. Tanto los cocodrilos como los caimanes tienen estas partes.

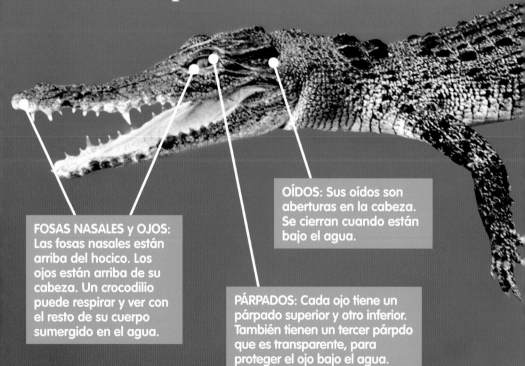

OÍDOS: Sus oídos son aberturas en la cabeza. Se cierran cuando están bajo el agua.

FOSAS NASALES y OJOS: Las fosas nasales están arriba del hocico. Los ojos están arriba de su cabeza. Un crocodilio puede respirar y ver con el resto de su cuerpo sumergido en el agua.

PÁRPADOS: Cada ojo tiene un párpado superior y otro inferior. También tienen un tercer párpdo que es transparente, para proteger el ojo bajo el agua.

PULMONES: Un crocodilio puede aguantar la respiración hasta dos horas cuando tiene la cabeza bajo el agua.

COLA: Una cola fuerte impulsa su gran cuerpo en el agua.

PATAS: Sus patas están palmeadas como aletas. Ayudan al crocodilio a nadar rápidamente.

CUERPO: Flota con facilidad.

Joven cocodrilo de agua salada

13

Cocodrilos americanos

Los crocodilios tienen sentidos excelentes. Pueden ver, oler y oír mejor que muchos otros reptiles. Ven mucho mejor en la oscuridad que nosotros.

VOCABULARIO

SENTIDOS: Vista, olfato, oído, gusto y tacto

PRESA: Animal que es devorado por otro

También tienen una piel especial. Pueden sentir cuando algo se mueve a su alrededor. Pueden encontrar presas en aguas lodosas con facilidad.

Hora de cenar

Los crocodilios son carnívoros, lo que significa que comen carne. Pero no son exigentes.

Caimán de anteojos

Todo tipo de peces, insectos, ranas, serpientes y mamíferos son sabrosos. Incluso animales grandes como antílopes y búfalos están en el menú.

Un cocodrilo del Nilo intenta atrapar a un antílope de la manada.

Caimán americano

Los caimanes y los cocodrilos pueden pasar meses sin comer. ¡Pero ten cuidado cuando les dé hambre!

Un crocodilio espera a que se acerque su presa. Luego sale rapidamente del agua y atrapa al animal. Sus mandíbulas grandes y fuertes meten a la presa bajo el agua para ahogarla. Despues el crocodilio se traga su comida.

7 COSAS DIVERTIDAS sobre los crocodilios

1

El agreste sur de **Florida**, en Estados Unidos, es el **único lugar** en la Tierra donde puedes encontrar caimanes y cocodrilos.

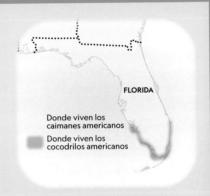

FLORIDA

Donde viven los caimanes americanos

Donde viven los cocodrilos americanos

2

Los crocodilios **pierden los dientes** y les salen nuevos a lo largo de **toda su vida.**

3

Algunos crocodilios **ponen** hasta **90 huevos** a la vez. **¡Son muchos bebés!**

4

Los crocodilios rugen como los leones.

5

Las madres vienen corriendo (o nadando) **cuando escuchan** a sus pequeños **pedir ayuda.**

6

Los dientes del caimán **son huecos.**

7

Los crocodilios crecen mucho. Los **recién nacidos miden** menos de **30 centímetros.** Pero ¡los adultos miden de 3 a 6 metros de largo!

Rey de los cocodrilos

Un cocodrilo de agua salada se alimenta en un santuario en Australia.

El crocodilio más grande es el cocodrilo de agua salada. Puede crecer hasta 6 metros de largo y pesar más de 900 kilos. Es un excelente nadador y puede viajar grandes distancias en el mar.

Los cocodrilos de agua salada podrían ser los más peligrosos crocodilios que existen. Son los más propensos a atacar ... y ¡son letales!

Nidos y crías

La mayoría de los reptiles ponen sus huevos y se van. Pero los crocodilios se quedan. Permanecen cerca del nido y protegen a sus crías.

Algunas especies de crocodilios hacen un montículo de plantas, lodo y hojas para su nido.

Otras especies de crocodilios cavan un agujero para su nido.

Los crocodilios bebés rompen el cascarón.

Una madre crocodilia espera algunos meses. Destapa el nido cuando oye chirridos en los huevos. Los cascarones se empiezan a romper.

La madre carga a sus crías en la boca con cuidado. Las lleva al agua para que naden por primera vez. ¡Y se van!

Caimán americano

27

En peligro de extinción

Cada año nacen crocodilios nuevos. Pero a veces mueren más animales de los que nacen. Los crocodilios pueden llegar a estar en peligro de extinción.

Los caimanes americanos una vez llegaron a estar en peligro. Entonces se hicieron leyes para protegerlos. Su población creció. Hoy en día existen más de un millón de caimanes americanos. Otros crocodilios sí están en peligro. ¿Qué puedes hacer para salvar a los formidables cocodrilos y caimanes?

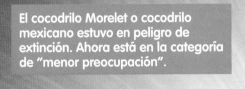

El cocodrilo Morelet o cocodrilo mexicano estuvo en peligro de extinción. Ahora está en la categoría de "menor preocupación".

La especie en mayor peligro de extinción es el cocodrilo filipino. Solo existen alrededor de 250 en la naturaleza.

VOCABULARIO

EN PELIGRO DE EXTINCIÓN: En peligro de desaparecer totalmente

29

PRUEBA SORPRESA

¿Cuánto sabes acerca de los crocodilios? Después de leer este libro, ¡seguro que mucho! Haz esta prueba y descúbrelo.

Las respuestas están en la parte inferior de la página 31.

1 ¿Cuántos tipos de crocodilios existen?

A. 4
B. 12
C. 17
D. 25

2 Los caimanes tienen un hocico en forma de _____ .

A. Cuadrado
B. U
C. V
D. Corazón

3 ¿Cuál de estos es el más grande?

A. El cocodrilo de agua salada
B. El cocodrilo del Nilo
C. El caimán americano
D. El cocodrilo filipino

Las crías de los crocodilios se incuban en un ____ .

A. Árbol
B. Estanque
C. Nido
D. Río

4

5

Los crocodilios pierden los _____ y les salen nuevos a lo largo de toda su vida.

A. Dientes
B. Ojos
C. Oídos
D. Colas

6

¿Cuándo destapa los huevos en el nido una madre cocodrilo?

A. Cuando hay luna llena
B. Cuando oye chirridos
C. Cuando tiene hambre
D. Cuando han pasado exactamente 30 días

7

Los cocodrilos y los caimanes comen _____ .

A. Pájaros
B. Peces
C. Algunos animales grandes
D. Todos los anteriores

GLOSARIO

CRÍA: Animal que acaba de salir de su cascarón

EN PELIGRO DE EXTINCIÓN: En peligro de desaparecer totalmente

HOCICO: Nariz y boca de un animal que sobresale de su cara

PRESA: Animal que es devorado por otro

REPTIL: Animal de sangre fría y piel escamosa. Muchos reptiles ponen huevos en la tierra.

SENTIDOS: Vista, olfato, oído, gusto y tacto